EN CLASSE

1. Quelles activités propose le professeur ?

- ❑ a. Musique
- ❑ b. Mathématiques
- ❑ c. Manuelles

2. Pourquoi Kader n'assiste pas à l'activité ?

- ❑ a. Il est grand.
- ❑ b. Il est petit.
- ❑ c. C'est un garçon.

3. Matéo :

- ❑ a. dessine.
- ❑ b. joue au ballon.
- ❑ c. coupe les cheveux de sa camarade.

4. Le professeur demande de :

- ❑ a. dessiner.
- ❑ b. jouer avec les règles.
- ❑ c. chanter.

5. À la fin quelle activité propose le professeur ?

- ❑ a. Piscine
- ❑ b. Sport
- ❑ c. Histoire

JOYEUX ANNIVERSAIRE !

1. L'amie de Kenza a :

❏ a. une carte d'anniversaire.

❏ b. une lettre d'invitation à une fête.

❏ c. un dessin de ses grands-parents.

2. Kenza :

❏ a. prépare un gâteau.

❏ b. fabrique un cerf-volant.

❏ c. prépare la salle.

3. Enzo :

❏ a. prépare un gâteau.

❏ b. décore la salle.

❏ c. fabrique un cerf-volant.

4. Il y a combien de bougies sur le gâteau ?

❏ a. 9

❏ b. 11

❏ c. 10

5. Les garçons posent sur le gâteau :

❏ a. une bougie rouge.

❏ b. une bougie pétard.

❏ c. une décoration.

UN SUPER JEU

1. Quel sport propose Matéo ?

- ❏ a. Le foot.
- ❏ b. Le basket.
- ❏ c. Le tennis.

2. Qu'est-ce que propose Matéo aux filles ?

- ❏ a. De jouer à quatre.
- ❏ b. De ne pas jouer.
- ❏ c. De se promener en vélo.

3. Matéo propose une promenade :

- ❏ a. en vélo.
- ❏ b. en skate-board.
- ❏ c. en voiture.

4. Matéo et son ami préparent :

- ❏ a. un gâteau.
- ❏ b. des crêpes.
- ❏ c. une salade.

5. Pour préparer les crêpes, il n'y a pas de :

- ❏ a. lait.
- ❏ b. farine.
- ❏ c. sucre.

LA PLAGE

1. Où est Léo ?

- ❏ a. À l'école.
- ❏ b. À la plage.
- ❏ c. Dans le parc.

2. Où est le frisbee ?

- ❏ a. Sous le bateau.
- ❏ b. Dans le bateau.
- ❏ c. Sur le bateau.

3. Où est Ratibus ?

- ❏ a. Devant la serviette.
- ❏ b. Sous la serviette.
- ❏ c. Sur la serviette.

4. Qui attrape le frisbee ?

- ❏ a. Le chat.
- ❏ b. Léo.
- ❏ c. Un oiseau.

5. Où monte Léo ?

- ❏ a. Sur un arbre.
- ❏ b. Dans un bateau.
- ❏ c. Sur une chaise.

AU ZOO

1. Où sont les enfants ?

- ❏ a. À la piscine.
- ❏ b. Au zoo.
- ❏ c. Au parc d'attraction.

2. Combien de billets achète le professeur ?

- ❏ a. 14
- ❏ b. 12
- ❏ c. 10

3. Quel animal préfère Lou ?

- ❏ a. La girafe.
- ❏ b. Le lion.
- ❏ c. L'hippopotame.

4. Qui n'est pas dans le groupe ?

- ❏ a. Simon.
- ❏ b. Kenza.
- ❏ c. Lou.

5. Simon observe les singes ?

- ❏ a. Oui
- ❏ b. Non

6. Que préfère Simon ?

- ❏ a. Visiter l'aquarium.
- ❏ b. Regarder les singes.
- ❏ c. Manger.

1. Qu'est-ce que prépare Jules ?

- ❑ a. Un chamboule-tout.
- ❑ b. Un gâteau.
- ❑ c. Un dessin.

2. Quels vêtements prépare Léo ?

- ❑ a. Une chemise et un pantalon.
- ❑ b. Une robe.
- ❑ c. Un pull et un pantalon.

3. Quelle est la couleur de la robe de Clara ?

- ❑ a. Verte
- ❑ b. Jaune
- ❑ c. Rose

4. Léo mange :

- ❑ a. une glace à la vanille.
- ❑ b. une glace à la fraise et au chocolat.
- ❑ c. une glace à la fraise et à la vanille.

5. Quelle idée a Clara ?

- ❑ a. Elle dit bonjour aux garçons.
- ❑ b. Elle pousse les garçons dans l'eau.
- ❑ c. Elle achète une autre glace.

SOLUTIONS

En classe

1. c. activités manuelles
2. b. Il est petit.
3. c. coupe les cheveux de sa camarade.
4. a. dessiner.
5. b. Sport

Joyeux anniversaire !

1. a. une carte d'anniversaire.
2. b. fabrique un cerf-volant.
3. b. décore la salle.
4. b. 10
5. b. une bougie pétard.

Un super jeu

1. c. Le tennis.
2. a. De jouer à quatre.
3. b. En vélo.
4. b. des crêpes.
5. b. lait.

La plage

1. b. À la plage.
2. a. Sous le bateau.
3. c. Sur la serviette.
4. a. Le chat.
5. a. Sur un arbre.

Au zoo

1. b. Au zoo.
2. a. 14
3. c. L'hippopotame.
4. a. Simon.
5. b. Non
6. c. Manger.

La fête foraine

1. a. Un chamboule-tout.
2. a. Une chemise et un pantalon.
3. b. Jaune
4. b. une glace à la fraise et au chocolat.
5. b. Elle pousse les garçons dans l'eau.

ISBN : 978-209-035803-2
© CLE INTERNATIONAL 2022
Directrice éditoriale : Béatrice Rego
Édition : Marie-Charlotte Serio
Conception maquette intérieure : Isabelle Vacher
Mise en page : Isabelle Vacher
Illustrations : Oscar Fernandez